# FRANÇAIS • 4ᵉ année du primaire

Compagnon Web

# 40 dictées
## pour
## réussir
### en français

# Comment accéder
# au **Compagnon Web**?

1. Allez à l'adresse **www.erpi.com/40dictees.cw**
2. Entrez le nom d'utilisateur et le mot de passe ci-dessous :

**Nom d'utilisateur**

qd45539

**Mot de passe**

bhpnjx

Assistance technique : tech@erpi.com

10699W

# 40 dictées

## pour

## réussir

### en français

**FRANÇAIS · 4ᵉ année du primaire**

**ERPI**
ÉDITIONS DU RENOUVEAU PÉDAGOGIQUE INC.

5757, RUE CYPIHOT, SAINT-LAURENT (QUÉBEC)  H4S 1R3
TÉLÉPHONE : (514) 334-2690          TÉLÉCOPIEUR : (514) 334-4720
erpidlm@erpi.com                    w w w . e r p i . c o m

**Directrice de l'édition**
Sophie Aubin

**Chargée de projet et réviseure linguistique**
Stéphanie Bourassa

**Directrice de collection**
Brigitte Vandal

**Correctrice d'épreuves**
Jacinthe Caron

**Coordonnateur graphique**
François Lambert

**Couverture**
Catapulte

**Conception graphique et édition électronique**
Catapulte
Fenêtre sur cour

**Illustratrice**
Hélène Meunier

**Rédactrices**
Louise Martel
Valérie Millette
Danielle Robichaud

**Consultante pédagogique**
Martine St-Amour, enseignante,
école de l'Amitié,
commission scolaire des Patriotes

| Abréviations utilisées dans ce recueil | |
| --- | --- |
| groupe du nom | GN |
| déterminant | Dét. |
| adjectif | Adj. |
| masculin | m. |
| féminin | f. |
| singulier | s. |
| pluriel | pl. |

Nous avons choisi de ne pas mettre systématiquement toutes les exceptions concernant les règles de grammaire présentes dans ce recueil. Si vous désirez une liste plus exhaustive, nous vous invitons à consulter une grammaire.

Dépôt légal – Bibliothèque et Archives nationales du Québec, 2007
Dépôt légal – Bibliothèque et Archives Canada, 2007

Imprimé au Canada
ISBN 978-2-7613-2356-7

1234567890 IG 0987
10997 ABCD ENV12

Pour la protection des forêts, ce cahier a été imprimé sur du papier recyclé 100 % postconsommation, traité sans chlore.

# Présentation

Le recueil *40 dictées pour réussir en français* présente des textes courts et amusants sur des thèmes variés, choisis en fonction du calendrier scolaire et des champs d'intérêt des jeunes. Rédigé sous la direction de Brigitte Vandal, enseignante au primaire et consultante en éducation, ce recueil est un outil idéal de révision et un excellent moyen d'enrichir le vocabulaire de vos élèves ou de votre enfant.

Outre le vocabulaire à l'étude, les dictées ciblent les difficultés orthographiques et grammaticales les plus courantes en 4e année du primaire. Des trucs ou des règles de grammaire accompagnent la majorité des textes pour aider vos élèves ou votre enfant à surmonter une difficulté.

Comme le degré de difficulté des dictées est progressif, nous vous suggérons de suivre l'ordre de leur présentation. Toutefois, vous avez la possibilité de choisir les dictées en fonction des difficultés ou des thèmes abordés. Dans une dictée, si un mot vous semble trop difficile, vous pouvez l'épeler ou simplement le changer.

Vous trouverez la narration des dictées à l'adresse suivante : **www.erpi.com/40dictees.cw**. Vous y trouverez également un tableau synthèse des principales caractéristiques de chaque dictée (thème, nombre de phrases par dictée, temps de verbes, difficultés ciblées, etc.). Si vous désirez utiliser le recueil en suivant le calendrier scolaire, ce tableau guidera votre planification.

Pour nous faire part de vos questions et de vos commentaires, écrivez-nous à **pourreussir@erpi.com**.

# Table des matières

6

**Difficulté ciblée**
• La majuscule aux noms propres

## Un drôle d'accent

Annie et ses parents arrivent de leur voyage en France. Ils se souviendront
longtemps de la capitale française. Annie retrouve le Québec, son chien
Moustache et ses camarades avec bonheur. Elle leur raconte ses aventures
chez les Français. Soudain, Catherine et Charles éclatent de rire.
Annie parle vraiment d'une drôle de façon !

**Quelle différence y a-t-il entre un nom propre
et un nom commun ?**

- Le nom commun commence par une lettre minuscule et sert
à désigner une réalité de manière générale.
Ex. : *un petit **chien*** (ne désigne aucun chien en particulier)

- Le nom propre commence par une lettre majuscule et sert
à désigner une réalité de manière particulière.
Ex. : *c'est **Moustache*** (désigne le chien qui s'appelle
Moustache)

**Que peuvent désigner les noms propres ?**

Les noms propres peuvent, entre autres, désigner des réalités
comme :

- des personnes, des personnages ou des animaux (ex. : *Annie,
  Tintin, Moustache*) ;
- des populations (ex. : *les Français, les Montréalais*) ;
- des lieux géographiques (ex. : *Québec, France, Canada*) ;
- des dénominations officielles (ex. : *l'école Sainte-Anne*).

**Quand les noms de peuples prennent-ils une majuscule ?**

Les noms de peuples prennent une majuscule lorsqu'ils sont
employés comme noms. Quand ils sont employés comme
adjectifs, ils s'écrivent avec une minuscule.

Ex. : *Des **Français** habitent la capitale **française**.*

      Nom                    Adj.

# Dictée 2

**Difficultés ciblées**
• L'ajout d'un *s* pour former le pluriel
• Les homophones *a / à*

## Une cliente distraite

Julie a besoin de quatre cahiers et de quelques crayons pour la nouvelle année scolaire. Elle demande avec politesse de l'argent à ses parents.

Au magasin, les distractions empêchent Julie de réfléchir à ses achats. Elle remplit son panier avec des feuilles blanches et des bandes dessinées. Elle donne tous ses sous à la caissière. Une fois dehors, Julie remarque qu'elle a les mains vides !

**Quelle est la règle générale pour former le pluriel des noms et des adjectifs ?**

On forme généralement le pluriel des noms et des adjectifs au singulier en ajoutant un *s*.
Ex. : *la main vide / les main**s** vide**s***

**Comment savoir si on doit écrire *a* ou *à* ?**

L'homophone *a* est le verbe *avoir* conjugué au présent, à la troisième personne du singulier. On peut le remplacer par *avait*.
Ex. : *Julie **a** besoin de cahiers.* → *Julie **avait** besoin de cahiers.*
Quand cela n'est pas possible, on utilise la préposition *à*.
Ex. : *Elle donne tous ses sous **à** la caissière.* → *Elle donne tous ses sous a̶v̶a̶i̶t̶ la caissière.*

**Difficulté ciblée**

• L'accord dans le groupe du nom (Dét. + Nom + Adj.)

## Un bricoleur maladroit

Ma cabane secrète dans les arbres avait besoin d'un renouveau. Les planches cassées tombaient en morceaux ! Je possédais des petits clous, un marteau et un pot de couleur rouge. Malheureusement, je n'étais pas un bricoleur attentif. Je frappais plus souvent sur mes pauvres doigts que sur les clous. À la fin de la journée, j'avais les pouces bleus et une cabane rouge !

### Qu'est-ce qu'un groupe du nom ?

Chaque fois qu'il y a un nom commun ou un nom propre, il y a un groupe du nom (GN). Le nom est le **noyau** du GN. Il peut être seul ou accompagné d'autres mots.

```
        GN                        GN
Ex. : │Louis│ n'était pas un │bricoleur│ attentif.
       Nom              Dét.   Nom       Adj.
```

### Quelle est la règle d'accord dans le groupe du nom ?

Dans le GN, c'est toujours le nom qui donne son genre et son nombre aux autres mots qui l'accompagnent.

```
        Dét.  Adj.    Nom     Adj.
Ex. : une jolie cabane secrète
                 f. s.
```

# Dictée 4

**Difficulté ciblée**
• Les lettres accentuées (accents grave, aigu, circonflexe)

## Un aimable vieillard

Mon grand-père Léon détestait le théâtre. Par amitié pour madame Pinson, il ne manquait aucune représentation. À son arrivée dans la salle, il riait très fort et d'une drôle de façon. Il flânait parfois à côté de la scène. Les comédiens et les spectateurs se fâchaient contre lui. Si seulement mon grand-père pouvait encore être ici, auprès de moi et de mon frère Thomas.

 **Quelles lettres peuvent être accentuées?**

Seules les voyelles *a, e, i, o* et *u* peuvent être accentuées.

• L'accent aigu placé sur la lettre *e* donne le son «é».
  Ex.: *détestait, théâtre, arrivée*

• L'accent grave et l'accent circonflexe placés sur la lettre *e* donnent le son «è».
  Ex.: *très, scène, auprès*

• L'accent grave placé sur les lettres *a* et *u* et l'accent circonflexe placé sur les lettres *a, o* et *u* servent, entre autres, à distinguer des homophones.
  Ex.: *a / **à**, ou / o**ù**, sur / s**û**r*

**Difficultés ciblées**

• Les deux sons du *c*

Ex. : **c**ochon (*c* dur), **c**inquante (*c* doux)

• L'ajout d'un *s* pour former le pluriel

## Une grande famille

Ma grand-mère Cécile aura bientôt cinquante-cinq ans.

Nous donnerons une soirée canadienne comme dans l'ancien temps.

Ma mère et mes tantes cuisineront des dindes et du cochon.

Mes cousins et moi, nous écouterons les musiciens jouer du violon.

Mes ancêtres raconteront beaucoup d'histoires comiques à leur façon.

À minuit, les filles et les garçons danseront encore au salon.

### Comment prononce-t-on la lettre *c* ?

• Le son du *c* est dur devant les voyelles *a*, *o* et *u* ou devant une consonne.

Ex. : **c**anadienne, ra**c**onteront, **c**uisineront, **c**ri

• Le son du *c* est doux devant les voyelles *e*, *i* et *y*.

Ex. : an**c**être, **c**inquante-**c**inq, **c**ygne

### Quand la lettre *c* prend-elle une cédille ?

La lettre *c* prend une cédille devant les voyelles *a*, *o* et *u* pour indiquer que le *c* se prononce «s» plutôt que «k».

Ex. : gla**ç**age, gar**ç**on, dé**ç**u

➜ Pour en savoir plus sur la règle générale pour former le pluriel des noms et des adjectifs, voir p. 10.

**Difficultés ciblées**
- L'ajout d'un *e* pour former le féminin
- La lettre muette à la fin d'un mot
  Ex. : *fusi**l***

## La chasse à l'image

L'automne est une saison très intéressante. Ma voisine et moi, nous irons dans les bois. Nous admirerons les différentes couleurs des feuilles mortes. Nous marcherons lentement jusqu'à la petite croix verte près du pont.

Une fois là-bas, nous commencerons notre grande chasse. Heureusement, nous n'aurons pas de fusils ! Ce que nous voulons, c'est gagner le prix de la plus charmante photographie !

**Quelle est la règle générale pour former le féminin des noms et des adjectifs ?**

On forme généralement le féminin des noms et des adjectifs au masculin en ajoutant un *e*.
Ex. : *intéressant / intéress**e**, voisin / voisin**e***

**Comment identifie-t-on la lettre muette à la fin d'un mot ?**

Parfois, les familles de mots ou le féminin des noms et des adjectifs peuvent aider à identifier la lettre muette à la fin d'un mot. Une lettre muette est une lettre que l'on voit, mais que l'on ne prononce pas.
Ex. : *bois (boisé), petit (petite), fusil (fusiller)*

**Difficulté ciblée**

• L'accord dans le GN (Dét. + Adj. + Nom)

## Avis de recherche

Une jolie fée de sept ans manquerait à l'appel. D'admirables policières seraient déjà à sa recherche. Un étrange fantôme aiderait également à la retrouver. La délicate fée porterait un costume trop sombre pour attirer l'attention.

Les pauvres parents de la fillette imaginent soudain le pire… Oh ! On dirait que c'est la petite fille là-bas ! La merveilleuse fête de l'Halloween peut maintenant commencer !

➲ Pour en savoir plus sur la règle d'accord dans le groupe du nom, voir p. 11.

# Dictée 8

**Difficultés ciblées**
- L'accord dans le GN (Dét. + Nom + Adj.)
- La lettre muette à la fin d'un mot
  Ex. : lou**p**

## Une vie à la campagne

Aimerais-tu habiter sur une ferme laitière ? Tu aurais une vie différente.

Tu commencerais très tôt le matin pour nourrir les vaches et les veaux.

Il faudrait parfois surveiller quelques bêtes distraites dans les champs.

Les chats sauvages et toi seriez certainement les grands rois de la grange.

Tu amènerais les canards et les oies blanches à la mare. Aurais-tu une

peur bleue du loup et du dangereux renard ?

➔ Pour en savoir plus sur :
  – la règle d'accord dans le groupe du nom, voir p. 11 ;
  – la lettre muette à la fin d'un mot, voir p. 14.

# Dictée 9

**Difficultés ciblées**
• Les homophones *la/là/l'a*
• Les différentes graphies du son «è»
  Ex.: *vr**ai**ment, fr**è**re, arr**ê**ter*

## Un plaisir de trop

Jean a mangé vraiment trop de biscuits pendant la soirée.

Son frère l'a vu et lui a dit d'arrêter.

Le jeune garçon, trop fier, n'a pas écouté.

Une fois la lumière fermée, il a posé la tête sur l'oreiller.

C'est là que les mauvais rêves ont commencé.

Ses cris ont fait du bruit dans la maison.

Sa mère l'a réveillé.

Elle lui a donné du lait et des fraises pour le consoler!

**Comment savoir si on doit écrire *la*, *là* ou *l'a*?**

• L'homophone *la* est un déterminant qui peut être remplacé par *une*.
  Ex.: *Il a trop mangé pendant **la** soirée.* → *Il a trop mangé pendant **une** soirée.*

• L'homophone *là* est un adverbe qui peut généralement être remplacé par *ici*.
  Ex.: *C'est **là** que les rêves ont commencé.* → *C'est **ici** que les rêves ont commencé.*

• L'homophone *l'a* est le pronom personnel *le* ou *la* suivi du verbe *avoir* au présent, à la troisième personne du singulier. Il peut être remplacé par *l'avait*.
  Ex.: *Sa mère **l'a** réveillé.* → *Sa mère **l'avait** réveillé.*

**Difficultés ciblées**
• Les homophones *ces/ses/c'est*
• Les sons «in», «an» et «on» devant *p* et *b*

## Compte sur moi

Mon cousin m'a joué un tour à la campagne. Il m'a demandé de l'accompagner au champ pour l'aider dans ses importantes activités.

Une fois là-bas, il m'a proposé de compter les moutons. C'est une mission impossible! J'ai quand même commencé à additionner ces nombreuses petites bêtes une à une. Je ne voulais tout simplement pas me tromper.

C'est à ce moment qu'il m'a semblé entendre des rires. Mon cousin et ses deux amis ont trouvé bien amusant de me voir dormir debout!

**Comment savoir si on doit écrire *ces*, *ses* ou *c'est* ?**

- *Ces* est un déterminant démonstratif. On peut ajouter *-là*
  après le nom qu'il accompagne.
  Ex.: *J'ai additionné **ces** nombreuses bêtes.* → *J'ai additionné
  ces nombreuses bêtes-**là**.*

- *Ses* est un déterminant possessif. On peut ajouter *à lui*
  ou *à elle* après le nom qu'il accompagne.
  Ex.: *Il m'a demandé de l'aider dans **ses** activités.* →
  *Il m'a demandé de l'aider dans ses activités **à lui**.*

- *C'est* est le déterminant démonstratif *ce* suivi du verbe *être*.
  On peut généralement le remplacer par *ce n'est pas*.
  Ex.: ***C'est** une mission impossible !* → ***Ce n'est pas** une
  mission impossible !*

**Comment doit-on orthographier les sons «in», «an»
et «on» devant *p* et *b* ?**

Suivis des lettres *p* ou *b*, les sons «in», «an» et «on» s'écrivent
généralement **im, am** et **om**.

Ex.: ***im**portante, c**am**pagne, n**om**breuse*

Exception: Les mots formés avec le mot *bon* s'écrivent avec
un *n* (ex.: *bonbon*).

**Difficultés ciblées**
- Les noms et les adjectifs qui ne changent pas au pluriel
- L'accord dans le GN (Dét. + Nom + Adj. et Dét. + Adj. + Nom)

## Une visite désagréable

Voyons de plus près ces muscles vigoureux.
Maintenant, regardons tes membres gris.
Arrête de courir et de pousser ces curieux cris !
Allonge tes longues pattes sur la table de
métal. Après ces moments douloureux, je
te donnerai deux gros morceaux de fromage.
Montre-moi tes beaux yeux doux maintenant.
Mademoiselle, prenez doucement votre petite
bête dans vos bras s'il vous plaît. Oh ! Votre
méchante souris m'a mordu le nez !

**Quels noms et quels adjectifs ne changent pas au pluriel ?**

Les noms et les adjectifs qui se terminent par *-s, -x* ou *-z*
au singulier ne changent pas au pluriel.
Ex. : *un membre gris / des membres gris, un muscle vigoureux /*
*des muscles vigoureux, le nez / les nez*

➡ Pour en savoir plus sur la règle d'accord dans le groupe du nom, voir p. 11.

**Difficultés ciblées**
- Le féminin des noms et des adjectifs qui se terminent par *-eux* et *-eur*
- Les homophones *sur / sûr*

## Quel métier !

Laurence ne sait pas encore sur quel métier arrêter son choix. Un jour elle veut être une merveilleuse danseuse et le lendemain, camionneuse. Il est bien sûr que cette jeune fille a encore de nombreuses années pour se décider !

Par exemple, ce matin elle est rêveuse. Elle s'imagine chanter sur les meilleures scènes du pays. Puis elle change encore d'idée sur son avenir. Elle est sûre à présent de devenir coiffeuse ou bien jongleuse dans un cirque. Laurence n'est vraiment pas sérieuse !

**Comment forme-t-on le féminin des noms et des adjectifs qui se terminent par *-eux* et *-eur* ?**

La plupart des noms et des adjectifs qui finissent par *-eux* et *-eur* au masculin se terminent par *-euse* au féminin.
Ex. : *merveill**eux** / merveill**euse**, dans**eur** / dans**euse***
Exceptions : *inféri**eur** / inféri**eure**, meill**eur** / meill**eure***

**Comment savoir si on doit écrire *sur* ou *sûr* ?**

L'homophone *sûr* est un adjectif. On peut généralement le remplacer par l'adjectif *certain* sans changer le sens de la phrase.
Ex. : *Elle est **sûre** de devenir coiffeuse.* → *Elle est **certaine** de devenir coiffeuse.*

Quand cela n'est pas possible, on utilise la préposition *sur*.
Ex. : *Elle danse **sur** la scène.* → *Elle danse ~~certaine~~ la scène.*

# Dictée 13

**Difficultés ciblées**
• L'accord dans le GN (Dét. + Nom + Adj. et Dét. + Adj. + Nom)
• Les homophones *a/à*

## Une question de grandeur

C'est la fin de semaine et le petit Maxime est tout content. Il regarde par la fenêtre enneigée le paysage blanc. À l'extérieur, ses meilleurs amis s'amusent déjà à bâtir un navire imaginaire. Maxime a hâte de les retrouver.

Malheureusement, une de ses vieilles bottes a un trou. Sans réfléchir, Maxime chausse les bottes rouges à sa gauche. Une fois dehors, le malheureux garçon doit vite rentrer à la maison. Il perd ses bottes à chaque pas ! C'est normal, il a pris les énormes bottes de son père !

➲ Pour en savoir plus sur :
  – les homophones *a/à*, voir p. 10 ;
  – la règle d'accord dans le groupe du nom, voir p. 11.

**Difficultés ciblées**
• Le pluriel des noms et des adjectifs qui se terminent par *-eau* et *-eu*
• Les noms et les adjectifs qui ne changent pas au pluriel

# Des souvenirs d'une autre époque

À Noël, autrefois, nous étions heureux.

Nous fêtions avec les tantes, les oncles, les nièces et les neveux.

Tout était bien plus simple en ces temps merveilleux.

Mon père nous donnait parfois des petits jeux en bois.

Ma grand-mère cuisinait des gâteaux et des bons repas.

Les cadeaux n'étaient pas bien gros.

Pour les enfants, c'était quand même les plus beaux.

Je me souviens des longues promenades avec les chevaux.

Nous regardions la neige tomber doucement sur les bouleaux.

 **Comment forme-t-on le pluriel des noms et des adjectifs qui se terminent par *-eau* et *-eu* ?**

Pour former le pluriel des noms et des adjectifs qui se terminent par *-eau* et *-eu* au singulier, on ajoute un *x*.
Ex. : *un neveu / des neveux, un gâteau / des gâteaux*
Exceptions : *pneu / pneus, bleu / bleus*

➡ Pour en savoir plus sur les noms et les adjectifs qui ne changent pas au pluriel, voir p. 20.

**Difficulté ciblée**
• Le pluriel des noms et des adjectifs en général

## La magie de Noël

Dans quelques jours, nous préparerons la fête de Noël. Ma mère cuisinera des biscuits aux noix et des gâteaux. Moi, je placerai une douzaine de cartes sur le manteau de la cheminée. Mon père remplira les bas de Noël avec des surprises et des petits jeux originaux. Nos animaux s'amuseront avec les rubans sur les cadeaux. Mes deux frères accrocheront les décorations rouges et bleues avec soin. Finalement, mes parents poseront l'ange au sommet du sapin. Les heures passeront rapidement jusqu'à minuit ! Nous nous souviendrons longtemps de ces merveilleux moments.

**Comment forme-t-on le pluriel des noms et des adjectifs qui se terminent par -al ?**

La plupart des noms et des adjectifs qui finissent par -al au singulier se terminent par -aux au pluriel.
Ex. : *un animal original / des animaux originaux*

**Écrit-on *au* ou *aux* dans des expressions comme *biscuit au…* ?**

On écrit *aux* devant les éléments qu'on peut compter.
Ex. : *des biscuits aux noix* (on peut compter des noix)

On écrit *au* devant les éléments qu'on ne peut pas compter.
Ex. : *des biscuits au beurre* (on ne peut pas compter du beurre)

➜ Pour en savoir plus sur :
– la règle générale pour former le pluriel des noms et des adjectifs, voir p. 10 ;
– les noms et les adjectifs qui ne changent pas au pluriel, voir p. 20 ;
– le pluriel des noms et des adjectifs qui se terminent par -eau et -eu, voir p. 23.

**Difficultés ciblées**
- L'ajout d'un *e* muet pour former le féminin
  Ex. : *ami**e**, fleuri**e***
- Le trait d'union

## Une adorable fillette

Je voudrais tellement ne pas être seule pour les vacances. Lorsque je suis trop découragée, j'imagine mon retour. Je serais bien excitée de revoir mes parents et ma meilleure amie. Dans l'avant-midi, je me promènerais dans les rues enneigées avec grand-maman. Nous magasinerions des bandes dessinées usagées par une belle journée ensoleillée. Dans l'après-midi, j'irais voir grand-papa dans ma jolie robe fleurie pour le serrer dans mes bras.

Soudain, l'infirmière m'annonce que je suis guérie. Je suis émue, car mes vœux se réaliseront! Je quitte l'hôpital après-demain pour retourner à la maison.

➦ Pour en savoir plus sur la règle générale pour former le féminin des noms et des adjectifs, voir p. 14.

**Difficulté ciblée**
• Le féminin des noms et des adjectifs en général

## De mère en fille

Ma grand-mère Anita a été une bonne boulangère autrefois. Elle a ensuite travaillé sur les chantiers comme cuisinière. Elle a voulu enseigner son métier à ma mère. Cette dernière aimait mieux devenir une couturière talentueuse et originale. Mes sœurs et moi étions muettes d'admiration devant ses merveilleuses créations.

De mon côté, j'ai d'abord pensé devenir une grande auteure ou une courageuse exploratrice. Finalement, je me suis enfin décidée ! Aujourd'hui, je suis fière d'être une jeune mécanicienne. J'aime réparer les grosses automobiles avec mon père.

**Comment forme-t-on le féminin des noms et des adjectifs qui se terminent par -er ?**

Les noms et les adjectifs qui finissent par *-er* au masculin se terminent par *-ère* au féminin.

Ex. : *boulang**er**/boulang**ère**, cuisinier/cuisin**ière**, couturier/coutur**ière***

**Comment forme-t-on le féminin des noms et des adjectifs qui se terminent par -teur ?**

La plupart des noms et des adjectifs qui finissent par *-teur* au masculin se terminent par *-trice* ou *-teuse* au féminin.

Ex. : *explora**teur**/explora**trice**, men**teur**/men**teuse***

Exceptions : *au**teur**/au**teure**, doc**teur**/doc**teure***

**Comment forme-t-on le féminin des noms et des adjectifs qui se terminent par l, n, s ou t ?**

Pour former le féminin des noms et des adjectifs qui se terminent par *l, n, s* ou *t*, il faut généralement doubler la consonne finale et ajouter un *e*.

Ex. : *genti**l**/genti**lle**, bo**n**/bo**nne**, gro**s**/gro**sse**, mue**t**/mue**tte***

➔ Pour en savoir plus sur :
  – la règle générale pour former le féminin des noms et des adjectifs, voir p. 14 ;
  – le féminin des noms et des adjectifs qui se terminent par *-eux* et *-eur*, voir p. 21.

## Le petit guide des bons sportifs

Premièrement, soyez fiers de tous les joueurs de votre équipe.

Arrivez toujours à l'heure aux locaux et en bonne forme physique.

Replacez tout en ordre avant de quitter les lieux.

Soyez généreux avec vos camarades moins à l'aise dans les jeux.

Ne jouez pas seulement pour gagner des nouveaux prix.

Soyez doux avec les arbitres, il ne sont pas vos ennemis.

Réjouissez-vous pour les heureux gagnants.

Apprenez à être courageux face à vos rivaux en tout temps.

Après les parties, évitez d'être des mauvais perdants.

Au besoin, relisez ces simples règlements.

➜ Pour en savoir plus sur:
   – la règle générale pour former le pluriel des noms et des adjectifs, voir p. 10;
   – les noms et les adjectifs qui ne changent pas au pluriel, voir p. 20;
   – le pluriel des noms et des adjectifs qui se terminent par *-eau* et *-eu*, voir p. 23;
   – le pluriel des noms et des adjectifs qui se terminent par *-al*, voir p. 24.

**Difficultés ciblées**
• L'accord dans un GN contenant plus d'un adjectif
• Les consonnes doubles

## La couleuvre et la fleur

Voici l'histoire d'une couleuvre paysanne un peu différente. Nommons-la Mélodie. Cette jeune couleuvre rêvait de devenir une grande chef d'orchestre. Les mammifères trouvaient cette inconnue tellement folle et sotte. Personne ne comprenait cette rêveuse unique et originale. Mélodie ne se reposait pas pendant la froide saison hivernale. Courageuse, elle quittait sans cesse sa maisonnette pour chercher du travail.

Un jour, une gentille violette mauve a encouragé Mélodie à continuer. Le lendemain, elle a accepté d'entrer dans une troupe de musiciennes. Depuis, nos deux personnages partagent une belle et éternelle amitié.

➜ Pour en savoir plus sur la règle d'accord dans le groupe du nom, voir p. 11.

**Difficultés ciblées**
- L'accord dans un GN contenant plus d'un adjectif
- Les différentes graphies du son «o»
  Ex. : *j**o**li*, *fant**ô**me*, *ruiss**eau**, *s**au**vage*

## Un secret bien gardé

Connaissez-vous le minuscule, mais joli royaume du Grandbois ? Pour le découvrir, il faut voyager en bateau jusqu'à la forêt d'une petite île.

Là-bas, vous rencontrerez peut-être des lutins avec des chapeaux gris et bleus. Ce sont les fantômes des ruisseaux. Il est impossible pour un humain de s'approcher trop près d'eux. Ces bricoleurs construisent des petites maisons cachées en haut des grands bouleaux blancs. Ce peuple un peu sauvage possède un secret étrange, mais merveilleux. Il peut changer le beau ciel bleu en orage.

Parfois, on peut écouter leur drôle de murmure magique à l'aube, près de l'eau. Seuls les animaux comprennent vraiment ces mots d'une immense beauté.

➲ Pour en savoir plus sur la règle d'accord dans le groupe du nom, voir p. 11.

**Difficultés ciblées**
- Les deux sons de la lettre *s*
  Ex. : vi*s*ite, vite*ss*e
- Les homophones *mon/m'ont*

## Le ruisseau magique

Mon problème, c'est que mes cheveux poussent à toute vitesse. Sans le vouloir, je marche souvent dessus. Je visite mon coiffeur tous les jours.

Un soir de septembre, mes parents m'ont raconté une histoire amusante pour me consoler.

Dans sa jeunesse, mon parrain avait aussi ce problème. Un jour, mon grand-père a lancé son chagrin et ses cheveux dans un ruisseau. Mon père pense qu'un puissant magicien a vu les cheveux à la surface de l'eau. Il a voulu en faire des pinceaux. Ce grand sage a ensuite donné un pinceau à seize grands artistes. Depuis, ils peignent des superbes tableaux.

C'est drôle, car après la conclusion de cette histoire, mes cheveux m'ont semblé plus beaux.

Les encadrés qui accompagnent cette dictée se trouvent à la page suivante.

**Quand la lettre s se prononce-t-elle « z » ?**

La lettre *s* se prononce généralement « z » lorsqu'elle est placée entre deux voyelles.

Ex. : *vi**s**ite, amu**s**ante, conclu**s**ion*

Cependant, si le *s* est doublé, on prononce « s ».

Ex. : *pou**ss**ent, vite**ss**e, rui**ss**eau*

**Comment savoir si on doit écrire *mon* ou *m'ont* ?**

- L'homophone *mon* est un déterminant possessif qui peut être remplacé par *un* ou *une*.
  Ex. : *Je visite **mon** coiffeur.* → *Je visite **un** coiffeur.*
- L'homophone *m'ont* est le pronom *me* suivi du verbe *avoir* au présent, à la troisième personne du pluriel. Il peut être remplacé par *m'avaient*.
  Ex. : *Ils **m'ont** raconté une histoire.* → *Ils **m'avaient** raconté une histoire.*

**Difficultés ciblées**
- L'accord dans un GN contenant plus d'un adjectif
- Les verbes qui se terminent par -*é* ou -*er*

## Ma valentine

Marion, voudrais-tu devenir ma valentine ?

As-tu aimé manger mon délicieux chocolat blanc ?

Violette m'a donné une belle carte fleurie.

Annie a dessiné un joli cœur doré sur mon cahier.

Les pauvres et gentilles filles auront certainement le cœur brisé…

Elles devraient essayer de comprendre la situation.

Notre cœur ne peut pas se diviser en plusieurs morceaux.

Tout le monde m'a encouragé à te parler.

Il est grand temps de tout t'avouer, aimable jeune fille.

Non, il n'est plus question de reculer maintenant.

Enfin, je viens t'annoncer mon immense et éternelle amitié !

 **Comment savoir si un verbe se termine par -*é* ou -*er* ?**

- On écrit -*é* quand il s'agit du participe passé. Le verbe peut alors être remplacé par *mordu*.
  Ex. : *Annie a dessiné un cœur.* → *Annie a **mordu** un cœur.*

- On écrit -*er* quand il s'agit de l'infinitif. Le verbe peut alors être remplacé par *mordre*.
  Ex. : *Il n'est plus question de reculer.* → *Il n'est plus question de **mordre**.*

➡ Pour en savoir plus sur la règle d'accord dans le groupe du nom, voir p. 11.

**Difficultés ciblées**

- Les mots au masculin dont la lettre muette finale peut être identifiée
  en mettant le mot au féminin
  Ex. : blan**c** (blan**che**)
- Les finales des verbes à la première personne du singulier (-e, -s, -x et -ai)

## Ça déborde !

Aujourd'hui, j'ai regardé un long film chez mon grand-père. J'aime beaucoup passer des moments amusants avec lui. À mon retour, j'avais vraiment très froid. J'ai eu envie de prendre un bon bain chaud. Malheureusement, l'eau coulait trop lentement dans la baignoire. Pour ne pas attendre, j'ai écouté de la musique dans ma chambre.

Soudain, j'ai vu le tapis violet devenir tout blanc. Il y avait de l'eau et de la mousse sur tout l'étage du haut. Je devrais être très prudent, car je suis un garçon assez distrait. Mes parents ne seront certainement pas contents à leur retour du bureau. Je peux vous affirmer que la prochaine fois, je prendrai une douche !

 **Quelles sont les finales des verbes à la première personne du singulier ?**

Les verbes conjugués à la première personne du singulier ont toujours l'une ou l'autre des finales suivantes, peu importe le mode et le temps :

- **-e** : je regard**e**, je trouv**e**, je mang**e**
- **-s** : j'étai**s**, j'avai**s**, je devrai**s**
- **-x** : je peu**x**, je vau**x**
- **-ai** : j'**ai**, je prendr**ai**, je finir**ai**

➜ Pour en savoir plus sur la lettre muette à la fin d'un mot, voir p. 14.

**Difficultés ciblées**
- L'accord dans un GN contenant plus d'un adjectif
- Les deux sons de la lettre *s*
  Ex.: *amu**s**ante, **s**agement*
- Les finales des verbes à la deuxième personne du singulier (*-s, -x* et *-e*)

## L'hiver en humour

Voici comment t'habiller sagement en février. Porte d'abord un épais chandail long. Ajoute ensuite un grand manteau chaud en laine de mouton. Naturellement, tu peux porter une casquette de jeune chasseur canadien. Pour tes doigts, tu prendras des grosses mitaines de saison. Choisis des chaussures hivernales souples pour glisser facilement sur la chaussée. Tu pourrais aussi porter des bottes luisantes ou dorées. Pour le bas, un simple pantalon rose fera l'affaire.

Si seulement tu voyais ta tête! Tout ceci n'est qu'une blague amusante, car je me sens très taquin ce matin. Au magasin, nous serons deux, car je t'aiderai à choisir des habits chauds et avantageux.

**Quelles sont les finales des verbes à la deuxième personne du singulier?**

Les verbes conjugués à la deuxième personne du singulier ont toujours l'une ou l'autre des finales suivantes, peu importe le mode et le temps:
- **-s**: *tu portera**s**, tu pourrai**s**, choisi**s***
- **-x**: *tu peu**x**, tu veu**x**, tu vau**x***
- **-e**: *port**e**, chant**e**, arrêt**e***

Une seule exception: Le verbe *aller* à l'impératif présent s'écrit *va*.

➜ Pour en savoir plus sur:
  – la règle d'accord dans le groupe du nom, voir p. 11;
  – les deux sons de la lettre *s*, voir p. 32.

**Difficultés ciblées**
• Les deux sons du *g*
  Ex. : **g**renouille (*g* dur), déména**g**er (*g* doux)
• L'ajout d'un *e* muet pour former le féminin
• Les finales des verbes à la troisième personne du singulier (*-e, -t, -d* et *-a*)

## Une visiteuse peu vigoureuse

Ginette la grenouille était toujours excitée à l'approche de l'été. Dès la première chaleur, elle déménageait dans notre jardin. Le problème, c'est qu'elle était trop fatiguée ! Malgré sa grande fatigue, elle surveillait les insectes.

Un jour, notre grosse chatte grise sort dans la cour. Ginette prend la fuite devant cette étrangère. Elle ne sait pas que Grisou est très âgée et très sage. Elle ne mangerait même pas une souris blessée.

Découragée, Ginette retourne plonger dans sa jolie mare. Elle restera cachée, car elle ne se trouve pas assez courageuse pour faire face au danger. Elle reviendra peut-être au mois de mai. Il y aura alors des belles et longues journées ensoleillées.

**Comment prononce-t-on la lettre g ?**

- Le son du *g* est dur devant les voyelles *a*, *o*, *u* ou devant une consonne.

  Ex. : *ma**g**asin, vi**g**oureuse, fati**gu**e, **gr**enouille*

  Pour obtenir un son doux devant ces trois voyelles, il faut ajouter un *e* après le *g*.

  Ex. : *elle déména**ge**ait, nous parta**ge**ons, ga**ge**ure*

- Le son du *g* est doux devant les voyelles *e*, *i* ou *y*.

  Ex. : *coura**ge**use, **G**inette, **g**ymnase*

  Pour obtenir un son dur devant ces trois voyelles, il faut ajouter un *u* après le *g*.

  Ex. : *lon**gu**e, **gu**itare, **Gu**ylaine*

**Quelles sont les finales des verbes à la troisième personne du singulier ?**

Les verbes conjugués à la troisième personne du singulier ont toujours l'une ou l'autre des finales suivantes, peu importe le mode et le temps :

- *-**e*** : *elle retourn**e**, elle trouve*
- *-**t*** : *elle étai**t**, elle déménageai**t**, elle surveillai**t***
- *-**d*** : *elle pren**d**, il cou**d**, elle ren**d***
- *-**a*** : *elle rester**a**, elle reviendr**a**, il v**a***

➲ Pour en savoir plus sur la règle générale pour former le féminin des noms et des adjectifs, voir p. 14.

**Difficultés ciblées**
• Les terminaisons -*ons* et -*ont*
• L'accord dans un GN contenant plus d'un adjectif

## Un rêve impossible

Un jour, des savants inventeront des merveilleuses machines. Elles pourront créer plusieurs aliments frais et délicieux. Elles feront aussi des repas sains et savoureux. Nous en posséderons tous une dans nos grandes maisons modernes. Plus jamais nous n'aurons besoin de cuisiner ou d'aller au marché. Nous donnerons cette importante nouvelle invention aux habitants des pays pauvres. Elle leur fournira de la nourriture en tout temps. Ce beau rêve, je le fais depuis longtemps.

Pour tout dire, ces machines savantes et pratiques n'existeront peut-être jamais. Apprenons aujourd'hui à penser autrement. Partageons nos nombreuses richesses naturelles avec les enfants des autres pays. Vous, que feriez-vous pour empêcher la faim dans le monde?

**Comment savoir si on doit écrire la terminaison -*ons* ou -*ont*?**

• On écrit la terminaison -*ons* lorsque le sujet du verbe est *nous*.
   Ex.: **Nous** *posséder**ons** ces merveilleuses machines.*
• On écrit la terminaison -*ont* lorsque le sujet du verbe est *ils* ou *elles* ou un groupe du nom qui peut être remplacé par *ils* ou *elles*.
   Ex.: **Des savants** *invent**ont** des machines.* →
      **Ils** *invent**ont** des machines.*

➜ Pour en savoir plus sur la règle d'accord dans le groupe du nom, voir p. 11.

**Difficultés ciblées**
- Les homophones *mes / mais*
- Les différentes graphies du son «é»
  Ex. : *fusée, premier, assez, décollé*

## Le voyage de Martin

L'énorme fusée attend déjà le signal pour son premier départ. Cette journée de décembre est froide, mais ensoleillée. Il y a assez d'essence pour voyager sans danger pendant dix-neuf jours. Mes camarades écoutent les derniers ordres du chef de la mission.

De mon côté, je finis de me préparer. Ma prochaine activité est de revoir chaque détail de l'équipement en entier. J'accroche mes bottes et mon casque doré. Je suis un peu apeuré, mais tellement excité !

J'attends cette expédition depuis mes plus jeunes années. Mes chers amis, ne soyez pas attristés, mais heureux. Je vais enfin monter jusqu'aux étoiles dans un nuage de fumée. Un, deux, trois, nous avons décollé !

**Comment savoir si on doit écrire *mes* ou *mais* ?**

*Mes* est un déterminant possessif. Il peut être remplacé par un déterminant au pluriel comme *les*, *des* ou *ses*.
Ex. : ***Mes** camarades écoutent les ordres.* → ***Ses** camarades écoutent les ordres.*

Quand cela n'est pas possible, on utilise le marqueur de relation *mais*.
Ex. : *Je suis un peu apeuré, **mais** tellement excité !* → *Je suis un peu apeuré, ~~ses~~ tellement excité !*

➡ Pour en savoir plus sur les verbes qui se terminent par -*é* ou -*er*, voir p. 33.

**Difficultés ciblées**

- Les différentes graphies du son « in »
  Ex. : *Sébasti**en**, cop**ain**, lap**in***
- Les lettres accentuées (accents grave, aigu, circonflexe)

## Une drôle de visite

Sébastien avait hâte, car il allait bientôt faire la fête.

Depuis hier, il n'avait que cette idée en tête.

Il était pressé de revoir son copain le lapin.

Ce dernier se présentait avec des surprises dans les mains.

L'animal arrivait très tôt le matin.

Il flânait à la maison jusqu'au lendemain.

L'après-midi, le jeune garçon faisait toujours des dessins.

Au même moment, le lapin cachait ses chocolats sans aucun témoin.

Maintenant, à vingt ans, Sébastien le sait bien.

Le visiteur de Pâques était un être humain.

Il est certain que c'était son parrain,

déguisé en lapin.

Malgré tout, il voulait encore

y croire, et c'est très bien !

➜ Pour en savoir plus sur les lettres accentuées, voir p. 12.

**Difficultés ciblées**
• Les consonnes doubles
• L'accord dans un GN contenant plus d'un adjectif

## Poisson d'avril !

Le mois d'avril approche. Nous aurons besoin de plusieurs farces ma sœur Anna et moi. J'ai commencé à écrire une liste. J'ai imaginé plusieurs blagues amusantes et originales.

1. Je me cacherai sous les oreillers.
2. Anna ajoutera du gros sel blanc dans le café.
3. Nous mettrons de la gomme chaude et molle sur les trottoirs de la ville.
4. Nous cacherons l'arrosoir dans le coffre de notre automobile.
5. Nous dessinerons des grands yeux ronds sur les pommes et les melons.
6. Nous donnerons des bonbons rouges et bleus aux poissons.

Oh ! J'ai oublié le plus important, cette liste est un poisson d'avril ! Heureusement, nous sommes deux fillettes très gentilles !

➔ Pour en savoir plus sur la règle d'accord dans le groupe du nom, voir p. 11.

**Difficultés ciblées**
- La lettre muette au milieu d'un mot
  Ex.: *sou**h**aiterait, auto**m**ne, se**p**t*
- Le féminin des noms et des adjectifs en général

## Un avenir meilleur

Josée souhaiterait devenir factrice. Ce serait vraiment une vive joie pour elle. Cette sportive pourrait aussi pratiquer la marche et être active. De plus, elle serait porteuse de bonnes nouvelles. En automne, elle flânerait au milieu des feuilles mortes. Elle pourrait aussi avoir des brèves conversations avec les sept brigadières scolaires de notre petite ville. Bien sûr, la saison hivernale serait plus froide. Josée devrait alors être très attentive pour ne pas tomber. Heureusement, la neige ferait vite place aux jolies fleurs printanières. Les journées ensoleillées seraient de retour avec l'arrivée de l'été. Travailler dehors redeviendrait un immense bonheur pour Josée.

Cette amoureuse de la nature se sentirait très malheureuse au septième étage d'une usine. Aujourd'hui, c'est décidé, ma courageuse amie change de métier!

 **Comment forme-t-on le féminin des noms et des adjectifs qui se terminent par -*f*?**

Les noms et les adjectifs qui finissent par -*f* au masculin se terminent par -*ve* au féminin.
Ex.: *sporti**f**/sporti**ve**, acti**f**/acti**ve***

➡ Pour en savoir plus sur:
  – la règle générale pour former le féminin des noms et des adjectifs, voir p. 14;
  – le féminin des noms et des adjectifs qui se terminent par -*eux* et -*eur*, voir p. 21;
  – le féminin des noms et des adjectifs qui se terminent par -*teur* et -*er*, voir p. 27;
  – le féminin des noms et des adjectifs qui se terminent par *l, n, s* ou *t*, voir p. 27.

**Difficultés ciblées**
- Les homophones *on / ont*
- Les verbes qui se terminent par *-é* ou *-er*

## Les artistes de l'école

À l'école, on a présenté la soirée artistique printanière. Luc et Éric ont présenté une pièce de théâtre. Annie et Catherine ont fait chanter les gens à l'aide d'une chanson amusante. Des charmantes danseuses ont terminé la première partie du spectacle. On nous a alors annoncé qu'il y avait vingt minutes d'arrêt. Les étudiants ont fait visiter l'école à leurs parents. Il y avait justement une exposition intéressante de la classe de science. On a ensuite invité les spectateurs à retourner dans la salle.

Pour terminer la représentation, les enseignants ont pris place sur la scène. Ils ont fait une lecture admirable de nos plus belles poésies. Enfin, l'animatrice a remercié tous les généreux artistes. Nous avons vu le rideau tomber. C'était vraiment une magnifique soirée.

**Comment savoir si on doit écrire *on* ou *ont* ?**

- L'homophone *on* est un pronom personnel qui peut être remplacé par *il* ou *elle*.
  Ex. : **On** *a invité les spectateurs dans la salle.* →
  **Il** *a invité les spectateurs dans la salle.*

- L'homophone *ont* est le verbe *avoir* conjugué au présent, à la troisième personne du pluriel. Il peut être remplacé par *avaient*.
  Ex. : *Les étudiants* **ont** *fait visiter l'école.* →
  *Les étudiants* **avaient** *fait visiter l'école.*

➜ Pour en savoir plus sur les verbes qui se terminent par *-é* ou *-er*, voir p. 33.

**Difficultés ciblées**
• Les homophones *son/sont*
• Les consonnes doubles

## Mousse à la banane de Pierrot

Pour commencer, demandez à votre mère son livre de recettes. Prenez aussi son tablier en dentelle et une tasse à mesurer. Fouettez sans arrêt deux œufs avec une fourchette pendant une minute. Ajoutez les autres aliments qui sont le lait, le beurre, le sucre et deux grosses bananes molles.

Les assiettes à dessert sont parfaites pour cette mousse. Remplissez-les de mélange aux bananes. Son goût devrait satisfaire votre famille. Laissez refroidir assez longtemps. Décorez le dessus de la part de chaque personne avec des morceaux de son fruit préféré.

Servez au repas du soir avec une boisson aux pommes. Les amateurs de desserts sont craintifs ? Avec raison, car votre mousse a vraiment une drôle de couleur. Pauvre Pierrot, la prochaine fois, ce sera bien meilleur !

 **Comment savoir si on doit écrire *son* ou *sont* ?**

• L'homophone *son* est un déterminant possessif qui peut être remplacé par *un* ou *une*.
   Ex.: *Elle prend **son** livre de recettes.* → *Elle prend **un** livre de recettes.*

• L'homophone *sont* est le verbe *être* au présent, à la troisième personne du pluriel. Il peut être remplacé par *étaient*.
   Ex.: *Les assiettes à dessert **sont** parfaites.* → *Les assiettes à dessert **étaient** parfaites.*

**Difficultés ciblées**
• Le pluriel des noms et des adjectifs qui se terminent par *-ou*
• Les différentes graphies du son «an»
  Ex.: gr**an**d, **en**fin, c**am**p, équipem**ent**

## Faux départ

Le grand moment est enfin arrivé! Les enfants sont fous de joie! Quelques-uns passeront une semaine dans un camp et d'autres, dix jours à l'étranger.

Au site du départ, il se passe des choses étranges. Henri a apporté ses joujoux électroniques et Sonia porte des bijoux élégants. Le guide en tombe sur les genoux! Ces jeunes ne possèdent pas l'équipement pour une expédition dans les bois en présence des loups et des hiboux. Ils devront dormir sous la tente avec les cailloux, l'herbe à poux et la boue!

Pendant ce temps, un autre enseignant a des problèmes avec son groupe. Tous les étudiants ont des bagages de campeur! Ils participent pourtant à un échange scolaire entre la France et le Canada.

On éclaircit rapidement la situation. Des étudiants jaloux ont échangé les destinations!

 **Comment forme-t-on le pluriel des noms et des adjectifs qui se terminent par -ou?**

Les noms et les adjectifs qui se terminent par *-ou* au singulier prennent généralement un *s* au pluriel.
Ex.: *un enfant fou de joie / des enfants fou**s** de joie*
Exceptions: *Bijou, caillou, chou, genou, hibou, joujou et pou*
         *prennent un x au pluriel.*
         Ex.: *le gen**ou** / les gen**oux***

**Difficultés ciblées**
• Les homophones *ou / où*
• Le pluriel des noms et des adjectifs en général

## La nature au cœur de la ville

Savez-vous ce que sont les toits verts ? On trouve parfois des végétaux sur les toits des logements, des édifices à bureaux ou des bâtiments commerciaux. Ces merveilleux jardins sont très avantageux. Ils ralentissent la pollution de l'air. De plus, ils aident à garder la chaleur dans les maisons ou les commerces en hiver.

Il y a plusieurs pays où nous pouvons trouver cette invention. Au Japon, les nouveaux immeubles possèdent souvent une toiture végétale. En fait, ce type de travaux est de plus en plus populaire.

Certains toits sont très originaux. On trouve parfois des sentiers ou des espaces pour pratiquer certains sports. Les gens peuvent aussi profiter de ces lieux pour se rencontrer ou pour se reposer.

Savez-vous où trouver ces toits dans votre région ? Allez à la bibliothèque ou lisez les journaux pour trouver cette information.

**Comment savoir si on doit écrire *ou* ou *où* ?**

- L'homophone *ou* est un marqueur de relation qui peut être remplacé par *ou bien*.

  Ex. : *Allez à la bibliothèque **ou** lisez les journaux.* →
  *Allez à la bibliothèque **ou bien** lisez les journaux.*

- L'homophone *où* est un pronom relatif ou un mot interrogatif. Il ne peut pas être remplacé par *ou bien*.

  Ex. : *Il y a plusieurs pays **où** nous pouvons trouver cette invention.* → *Il y a plusieurs pays **~~ou bien~~** nous pouvons trouver cette invention.*

➔ Pour en savoir plus sur :
- la règle générale pour former le pluriel des noms et des adjectifs, voir p. 10 ;
- les noms et les adjectifs qui ne changent pas au pluriel, voir p. 20 ;
- le pluriel des noms et des adjectifs qui se terminent par *-eau* et *-eu,* voir p. 23 ;
- le pluriel des noms et des adjectifs qui se terminent par *-al,* voir p. 24.

**Difficultés ciblées**
• Le féminin des noms et des adjectifs en général
• Les différentes graphies des sons «é» et «è»
Ex.: rest**er,** journ**ée,** tr**ès,** m**ê**me

## Une mauvaise habitude

France a eu son premier ordinateur pour sa fête. Elle est très excitée par cette merveilleuse surprise. Par contre, elle ne doit pas rester trop longtemps devant l'écran.

Les premières journées, elle a réalisé plusieurs belles découvertes. Elle connaît déjà assez le clavier pour rédiger des longues lettres. Cette jeune dessinatrice a également utilisé sa nouvelle souris pour dessiner. Sa gardienne favorite lui a même fait entendre ses chansons préférées.

Depuis un certain temps, France semble moins active et plus fatiguée. Sa mère se demande ce qui peut bien se passer. Dans la soirée, elle a visité la chambre de sa fille. Cette chère demoiselle jouait à la bataille en ligne depuis le début de l'après-midi!

Sa mère, très fâchée, lui a quand même laissé une dernière chance. Par le passé, la gentille fillette a toujours été une enfant très obéissante.

**Y a-t-il des mots qui ne suivent aucune règle particulière pour former leur féminin?**

Oui, certains mots ne suivent aucune règle particulière concernant leur féminin. Il faut apprendre ces mots par cœur.

Ex.: *beau / belle, long / longue, favori / favorite*

➜ Pour en savoir plus sur:
  – la règle générale pour former le féminin des noms et des adjectifs, voir p. 14;
  – le féminin des noms et des adjectifs qui se terminent par *-eux* et *-eur,* voir p. 21;
  – le féminin des noms et des adjectifs qui se terminent par *-teur* et *-er,* voir p. 27;
  – le féminin des noms et des adjectifs qui se terminent par *l, n, s* ou *t,* voir p. 27;
  – le féminin des noms et des adjectifs qui se terminent par *-f,* voir p. 42.

**Difficultés ciblées**
• L'accord dans un GN contenant plus d'un adjectif
• Les homophones *sur/sûr*

## Un écrivain unique

Je suis très content de connaître l'électricien conteur d'histoires. C'est un homme qui a une grande imagination. Je suis sûr que vous aimeriez ce personnage intelligent et coloré.

Il y a longtemps, il travaillait dans une école primaire voisine de la nôtre. C'était également un écrivain sûr de lui. Il avait une minuscule porte secrète sur son casque. Il cachait là des centaines d'histoires comiques et poétiques. L'électricien les racontait aux écoliers et aux enseignants pendant la récréation.

Un jour, ses amusantes créations littéraires ont intéressé une jeune journaliste. L'homme est devenu un auteur illustre et original. Depuis, il a toujours un crayon sur lui. Cette année, je suis sûr qu'il a déjà écrit deux longs romans policiers. Bientôt, vous verrez certainement sa photo sur la première page des grands journaux locaux.

➲ Pour en savoir plus sur :
  – la règle d'accord dans le groupe du nom, voir p. 11 ;
  – les homophones *sur/sûr*, voir p. 21.

**Difficultés ciblées**
- L'accord dans le GN présentant différentes constructions
- Les différentes graphies du son «an»
  Ex. : c*am*p, *en*f*an*t, tal*ent,* ex*em*ple

## Les violons d'Antonio

L'été, mon grand-père me raconte souvent des histoires formidables autour du feu de camp. Ce soir, il m'a parlé de l'un des plus illustres artistes de tous les temps. Son prénom était Antonio.

Antonio est né en 1644, dans une jolie petite ville d'Italie. Jeune enfant, il étudiait déjà l'art de fabriquer des violons. Il était l'élève d'un homme avec énormément de talent. Pendant sa vie entière, il a voulu inventer des violons au son unique et parfait. Patient, il a fait preuve d'un important dévouement.

Des centaines d'années plus tard, ses instruments élégants sont encore utilisés. Ils ont une immense valeur. Seulement quelques musiciens ont la chance d'en jouer. De temps en temps, on tente de copier son art, mais sans succès.

Finalement, ce brillant jeune homme est un exemple pour tous. Rien ne l'a empêché de réaliser ses rêves.

➡ Pour en savoir plus sur la règle d'accord dans le groupe du nom, voir p. 11.

**Difficultés ciblées**
• L'accord dans le GN présentant différentes constructions
• Les homophones *peut/peux/peu*

## Une lettre à la poste

Chers parents,

Je ne peux pas revenir à la maison maintenant. J'aime trop ce camp pour les enfants ! Est-ce que je peux rester encore un peu ?

Ici, je me suis fait plusieurs nouveaux amis. De plus, c'est un endroit amusant et très peu dangereux. On découvre comment s'amuser à l'extérieur avec un peu d'imagination. Avant-hier, nous avons escaladé un petit volcan. Heureusement, il n'était pas actif ! Nous avons aussi nagé dans de l'eau fraîche. Aujourd'hui, nous avons fait des longues promenades près de la montagne. Dans la forêt, on peut même monter au sommet des grands peupliers âgés. Je peux nommer encore longtemps les différentes activités sportives. Est-ce que le plaisir peut continuer ? Vous feriez de moi la plus heureuse des enfants cet été.

Votre fille,

Lisa

**Comment savoir si on doit écrire *peut, peux* ou *peu* ?**

- L'homophone *peut* est le verbe *pouvoir* au présent, à la troisième personne du singulier. Il a comme sujet *il, elle, on* ou un GN qui peut être remplacé par l'un de ces pronoms. Il peut être remplacé par *pouvait*.
  Ex.: *On **peut** même monter au sommet.* → *On **pouvait** même monter au sommet.*

- L'homophone *peux* est le verbe *pouvoir* au présent, à la première ou à la deuxième personne du singulier. Il a comme sujet *je* ou *tu* et peut être remplacé par *pouvais*.
  Ex.: *Je ne **peux** pas revenir à la maison.* → *Je ne **pouvais** pas revenir à la maison.*

- Dans presque tous les autres cas, quand ni l'un ni l'autre des remplacements précédents n'est possible, on écrit *peu*.
  Ex.: *C'était très **peu** dangereux.* → *C'était très **pouvait** dangereux.*

➦ Pour en savoir plus sur la règle d'accord dans le groupe du nom, voir p. 11.

# Dictée 39

**Difficultés ciblées**
- L'accord dans le GN présentant différentes constructions
- La lettre muette au milieu et à la fin d'un mot
  Ex. : *transport, blanc, bonheur*

## En route !

Mon moyen de transport préféré est l'avion.

Parfois, lorsqu'il y a des vents violents, je retiens ma respiration.

J'adore voler au-dessus des gros nuages blancs.

D'en haut, on voit les différentes villes et les immenses océans.

Cet été, pour les vacances, nous n'allons pas bien loin.

Ma famille, ma grand-mère et moi, nous voyagerons en train.

C'est amusant de voir les magnifiques paysages.

Ils se présentent devant nous comme un livre d'images !

Au chalet, nous utiliserons nos vieux vélos.

Malheureusement, là-bas, nous n'aurons pas d'auto.

Nous irons à la pêche dans un étroit petit bateau.

C'est un tel bonheur de flotter sur l'eau !

Par contre, pour le voyage de mes rêves, il me faudrait une fusée.

En effet, c'est sur une planète inconnue que je souhaite aller !

➔ Pour en savoir plus sur :
  – la règle d'accord dans le groupe du nom, voir p. 11 ;
  – la lettre muette à la fin d'un mot, voir p. 14.

# Une étoile magique

Alice est-elle faite en chocolat? C'est vraiment terrible, car la pauvre fillette fond lentement quand il fait plus de vingt degrés. Chaque été, elle doit surveiller la température en tout temps. Fondre comme une glace au soleil n'est vraiment pas amusant. Là-bas, dans son village, personne ne connaît son étrange secret.

Ses meilleurs amis, Annie et Rémi, sont sûrs qu'elle est une peureuse. Ils ne comprennent pas pourquoi leur camarade reste toujours à l'intérieur. Alice ne peut même pas se promener durant les belles journées ensoleillées. Elle ne peut sortir que dans la nuit noire, comme un vampire.

Un soir où elle était seule, Alice a vu une étoile un peu spéciale. Aussitôt, elle a fait un souhait avant de s'endormir au son des cigales. À son réveil, elle était sous les chauds rayons du soleil! Heureusement, ses pieds et ses bras étaient toujours là!

Aujourd'hui, Alice est très excitée, car elle pourra enfin profiter de l'été!

# Listes orthographiques

Le recueil *40 dictées pour réussir en français* contient plusieurs mots de vocabulaire à l'étude en 4<sup>e</sup> année du primaire. Ces mots ont été classés selon l'ordre alphabétique dans deux listes orthographiques distinctes.

**Remarque**
Le recueil contient également plusieurs mots à l'étude en 3<sup>e</sup> année du primaire. Après chaque mot des listes orthographiques, vous trouverez un numéro référant à l'année scolaire où le mot devrait être appris.

# Liste orthographique A

## Abréviations utilisées

| | | | | | |
|---|---|---|---|---|---|
| adjectif | adj. | masculin | m. | pronom | pron. |
| adverbe | adv. | nom | n. | singulier | s. |
| déterminant | dét. | pluriel | pl. | verbe | v. |
| féminin | f. | préposition | prép. | | |

## Remarque

Lorsqu'un mot appartient à différentes classes et qu'il peut y avoir confusion (par exemple, le mot *son* peut être un déterminant et un nom masculin), la classe de ce mot, dans le contexte de la dictée, est précisée entre parenthèses.

### Dictée 1

arriver 4
aventure 4
camarade 4
capitale 4
chez 3
drôle 4
éclater 4
en 3
façon 4
Français 4
française (adj.) 4
France 4
leur (pron.) 3
longtemps 4
parler 3
Québec 4
raconter 4
retrouver 3
rire (n. m.) 4
se souvenir 3
soudain 4
voyage 4

### Dictée 2

année 3

argent 4
bande dessinée 4
besoin 4
blanche (adj.) 3
caissière 4
cliente 4
crayon 4
dehors (adv.) 4
demander 3
distraction 4
distraite 4
donner 4
empêcher 4
feuille 4
fois 4
nouvelle (adj.) 4
panier 3
parent (n. m.) 3
politesse 4
quatre 3
quelques (dét. pl.) 3
réfléchir 4
remarquer 3
remplir 4
scolaire 4
sous (n. m.) 3
tous (dét. pl.) 3
vide 3

### Dictée 3

besoin 4
bleu (adj.) 3
bricoleur 4
cabane 4
clou 3
doigt 4
en 3
être 3
fin (n. f.) 3
frapper 4
journée 3
maladroit (adj.) 4
marteau 4
morceau 4
ne... pas 3
pauvre (adj.) 3
petit (adj.) 3
planche 4
pot 3
pouce 4
renouveau 4
rouge (adj.) 3
secrète 4
souvent 4
tomber 3

### Dictée 4

à côté 4
aimable 3
amitié 3
arrivée (n. f.) 4
aucune 3
auprès de 4
charmant 4
comédien 4
contre 3
détester 4
drôle 4
encore 3
être 3
façon 4
flâner 4
fort 3
frère 3
grand-père 3
ici 3
madame 3
manquer 4
moi 3
parfois 3
pouvoir (v.) 3
représentation 4
rire (v.) 4

salle 4
seulement 3
si 3
spectateur 4
très 3

## Dictée 5

ancêtre 4
beaucoup 3
bientôt 4
canadienne (adj.) 4
cinq 3
cinquante 4
cochon 4
comique 4
comme 3
cousin 3
cuisiner 3
danser 4
dinde 4
donner 4
écouter 4
encore 3
façon 4
famille 3
grande (adj.) 3
grand-mère 3
histoire 3
jouer 3
leur (dét.) 3
minuit 3
moi 3
musicien (n. m.) 4
raconter 4
salon 4
soirée 3
tante 3
temps 4
violon 4

## Dictée 6

admirer 4
automne 3

charmante 4
chasse (n. f.) 3
commencer 4
être 3
feuille 4
fois 4
fusil 4
grande (adj.) 3
heureusement 4
intéressante 4
aller 3
jusqu'à 3
là-bas 3
lentement 4
marcher 3
moi 3
ne... pas 3
notre 3
petite (adj.) 3
pont 4
près 3
prix 4
saison 3
très 3
verte 3
voisine (n. f.) 3
vouloir 4

## Dictée 7

admirable 4
aider 3
attirer 4
avis 4
commencer 4
déjà 4
délicate 4
dire 3
étrange 4
être 3
fantôme 4
fée 3
fête 3
fillette 4
imaginer 4

jolie 3
là-bas 3
maintenant 3
manquer 4
merveilleuse 4
oh 4
parent (n. m.) 3
petite (adj.) 3
pire (n. m.) 4
policière (n. f.) 4
pouvoir (v.) 3
rechercher 4
sept 3
sombre 3
soudain 4
trop 3

## Dictée 8

aimer 3
bête (n. f.) 4
blanche (adj.) 3
bleue 3
campagne 4
canard 3
certainement 4
commencer 4
dangereux 4
distraite 4
être 3
falloir 4
ferme (n. f.) 3
grand (adj.) 3
grange 4
laitière (adj.) 3
loup 3
mare 4
nourrir 4
oie 4
parfois 3
peur 3
quelques (dét. pl.) 3
renard 3
roi 3
sauvage 3

surveiller 4
toi 3
tôt 4
veau 4
vie 3

## Dictée 9

arrêter 4
biscuit 4
bruit 4
chère 3
commencer 4
consoler 4
dire 3
donner 4
écouter 4
être 3
faire 3
fermée 4
fier 4
fois 4
frère 3
jeune (adj.) 3
là 3
lait 3
lumière 3
manger 4
mauvais (adj.) 3
ne... pas 3
oreiller 4
pendant 3
poser 3
rêve 4
soirée 3
trop 3
voir 4

## Dictée 10

activité 3
additionner 3
aider 3
ami (n. m.) 3

amusant 4
bête (n. f.) 4
campagne 4
ces 3
commencer 4
compte 4
compter 4
cousin 3
debout 4
demander 3
dormir 4
fois 4
importante 4
impossible (adj.) 4
jouer 3
là-bas 3
mission 4
moi 3
moment 3
mouton 4
ne... pas 3
nombreuse 3
petite (adj.) 3
quand 3
rire (n. m.) 4
sembler 3
simplement 4
tour (n. m.) 3
tout (adv.) 3
trouver 3
voir 4
vouloir 4

### Dictée 11

allonger 4
après 3
arrêter 4
beau (adj.) 3
bête (n. f.) 4
bras 3
ces 3
courir 4
curieux 4
désagréable 3

donner 4
doucement 4
douloureux 3
doux 4
gris (adj.) 3
gros (adj.) 3
longue 4
mademoiselle 3
maintenant 3
méchante (adj.) 3
métal 4
moi 3
moment 3
montre 3
morceau 4
muscle 4
nez 3
oh 4
patte 3
petite (adj.) 3
pousser 4
prendre 4
près 3
regarder 3
souris 3
vigoureux 4
visite (n. f.) 3
voir 4
votre 3
yeux 4

### Dictée 12

année 3
arrêter 4
bien (adv.) 3
camionneuse 3
cette 3
changer 4
chanter 3
choix 4
cirque 3
coiffeuse 4
danseuse 4
décider 4

devenir 4
encore 3
être 3
idée 3
imaginer 4
jeune (adj.) 3
jongleuse 4
jour 3
lendemain 4
merveilleuse 4
métier 3
ne... pas 3
nombreuse 3
ou 3
pays 4
présent 4
puis 3
rêveuse 4
savoir 4
son (dét.) 3
vouloir 4

### Dictée 13

ami (n. m.) 3
amuser 4
bâtir 3
blanc (adj.) 3
botte 3
chaque 3
chausser 4
content 4
dehors (adv.) 4
déjà 4
devoir (v.) 4
enneigée 4
énorme 3
être 3
fenêtre 3
fin de semaine 3
fois 4
gauche (n. f.) 3
grandeur 3
hâte 4
imaginaire 4

navire 4
normal 4
pas (n. m.) 3
paysage 4
perdre 4
petit (adj.) 3
prendre 4
question 4
réfléchir 4
regarder 3
rentrer 3
retrouver 3
sans 3
tout (adv.) 3
trou 3
vieille 4
vite (adv.) 3

### Dictée 14

autrefois 3
beau (adj.) 3
bon (adj.) 3
bouleau 4
cadeau 3
ces 3
cheval 3
cuisiner 3
donner 4
doucement 4
enfant 3
époque 4
être 3
fêter 3
grand-mère 3
gros (adj.) 3
heureux 4
jeu 4
longue 4
merveilleux (adj.) 4
ne... pas 3
neige 3
Noël 4
oncle 3
parfois 3

petit (adj.) 3
promenade 4
quand 3
regarder 3
repas 3
se souvenir 3
simple 4
souvenir 3
tante 3
temps 4
tomber 3
tout (pron.) 3

## Dictée 15

ange 3
bas (n. m.) 3
biscuit 4
bleue 3
cadeau 3
carte 3
ces 3
cuisiner 3
décoration 4
douzaine 4
fête 3
finalement 3
frère 3
heure 3
jeu 4
jour 3
jusqu'à 3
longtemps 4
magie 3
manteau 4
merveilleux (adj.) 4
minuit 3
moi 3
moment 3
Noël 4
original (adj.) 4
parent (n. m.) 3
passer 3
petit (adj.) 3
placer 4

poser 3
préparer 4
quelques (dét. pl.) 3
rapidement 4
remplir 4
rouge (adj.) 3
ruban 4
s'amuser 4
sapin 3
soin 4
sommet 4
surprise 4

## Dictée 16

adorable 4
aller 3
amie (n. f.) 3
annoncer 4
après-demain 3
après-midi 3
bande dessinée 4
belle (adj.) 3
bien (adv.) 3
bras 3
car 4
enneigée 4
ensoleillée 3
être 3
fillette 4
infirmière 4
jolie 3
journée 3
lorsque 4
magasiner 4
ne... pas 3
parent (n. m.) 3
quitter 4
retour 3
retourner 3
revoir 4
seule (adj.) 3
soudain 4
tellement 4
trop 3

usagée 3
voir 4
vouloir 4

## Dictée 17

admiration 4
aimer 3
aujourd'hui 4
auteure 4
automobile 4
autrefois 3
bonne (adj.) 3
boulangère 3
cette 3
chantier 4
comme 3
côté 4
courageuse 4
création 4
cuisinière 3
décider 4
dernière (n. f.) 3
devant (prép.) 3
devenir 4
en 3
enfin 3
enseigner 4
ensuite 3
être 3
fière 4
finalement 3
grande (adj.) 3
grand-mère 3
grosse (adj.) 3
jeune (adj.) 3
mécanicienne 4
merveilleuse 4
métier 3
mieux (adv.) 4
moi 3
muette (adj.) 4
originale (adj.) 4
penser 4
réparer 4

sœur 3
son (dét.) 3
travailler 4
vouloir 4

## Dictée 18

à l'aise 4
apprendre 4
après 3
arbitre 4
arriver 4
avant (prép.) 3
besoin 4
bon (adj.) 3
bonne (adj.) 3
camarade 4
ces 3
courageux 4
doux 4
équipe 3
être 3
fier 4
forme 3
généreux 4
guide 4
heure 3
heureux 4
jeu 4
jouer 3
joueur 3
lieu 3
local (n. m.) 4
mauvais (adj.) 3
ne... pas 3
nouveau (adj.) 4
partie (n. f.) 4
perdant (n. m.) 4
petit (adj.) 3
premièrement 3
prix 4
quitter 4
règlement 4
réjouir 4
relire 4

replacer 4
seulement 3
simple 4
sportif (adj.) 3
temps 4
toujours 3
tous (dét. pl.) 3
tout (adv.) 3

## Dictée 19

accepter 4
amitié 3
belle (adj.) 3
cette 3
chercher 3
comprendre 4
continuer 4
couleuvre 4
courageuse 4
depuis 3
devenir 4
encourager 4
entrer 3
éternelle 4
fleur 3
folle (adj.) 3
froide 3
grande (adj.) 3
histoire 3
hivernale 4
jeune (adj.) 3
jour 3
lendemain 4
maisonnette 4
mauve (adj.) 3
musicienne 4
ne... pas 3
nommer 3
orginale 4
partager 4
paysanne (adj.) 4
pendant 3
personnage 4
personne 3

peu 3
quitter 4
reposer 3
rêver 4
rêveuse (n. f.) 4
saison 3
sotte (adj.) 4
tellement 4
travail 4
troupe 4
trouver 3
unique 4
violette (n. f.) 4
voici 3

## Dictée 20

approcher 4
aube 4
beau (adj.) 3
beauté 3
blanc (adj.) 3
bleu (adj.) 3
bouleau 4
bricoleur 4
cachée 4
changer 4
chapeau 3
ciel 3
comprendre 4
découvrir 4
drôle 4
eau 3
écouter 4
en haut 3
étrange 4
être 3
falloir 4
fantôme 4
grand (adj.) 3
gris (adj.) 3
humain (n. m.) 4
impossible (n. m.) 4
joli 3
jusqu'à 3

là-bas 3
leur (dét.) 3
lutin 4
magique 3
mais 3
merveilleux (adj.) 4
minuscule (adj.) 4
mot 3
murmure 3
orage 3
parfois 3
petite (adj.) 3
peu 3
peuple 3
pouvoir (v.) 3
près de 3
rencontrer 3
royaume 4
ruisseau 4
sauvage 3
secret (n. m.) 4
seul (adj.) 3
trop 3
voyager 4

## Dictée 21

amusante 4
après 3
artiste 4
aussi 3
beau (adj.) 3
car 4
cette 3
chagrin 4
cheveu 3
coiffeur 4
conclusion 4
consoler 4
depuis 3
dessus (adv.) 4
donner 4
drôle 4
eau 3
en 3

ensuite 3
être 3
faire 3
grand (adj.) 3
grand-père 3
histoire 3
jeunesse 4
jour 3
magicien 3
magique 3
marcher 3
parent (n. m.) 3
penser 4
pousser 4
problème 3
puissant 4
raconter 4
ruisseau 4
sage (n. m.) 3
sans 3
seize 4
sembler 3
septembre 3
soir 3
son (dét.) 3
souvent 4
superbe 3
surface 4
tableau 3
tous (dét. pl.) 3
visiter 3
vitesse 3
voir 4
vouloir 4

## Dictée 22

aimable 3
aimer 3
annoncer 4
avouer 4
belle (adj.) 3
blanc (adj.) 3
brisé (adj.) 4
cahier 3

carte 3
certainement 4
chocolat 3
cœur 3
comprendre 4
dessiner 3
devenir 4
devoir (v.) 4
diviser 4
donner 4
encourager 4
enfin 3
éternelle 4
être 3
jeune (adj.) 3
joli 3
maintenant 3
manger 4
morceau 4
ne... pas 3
parler 3
pauvre (adj.) 3
plusieurs 3
pouvoir (v.) 3
question 4
reculer 4
situation 4
temps 4
tout (dét.) 3
venir 4
vouloir 4

## Dictée 23

aimer 3
amusant 4
assez 3
aujourd'hui 4
baignoire 3
bain 3
beaucoup 3
blanc (adj.) 3
bon (adj.) 3
bureau 3
ça 3

car 4
certainement 4
chambre 3
chaud (adj.) 3
chez 3
content 4
couler 4
déborder 4
devenir 4
devoir (v.)
distrait 4
douche 4
eau 3
écouter 4
envie 4
étage 4
être 3
fois 4
froid (n. m.) 3
grand-père 3
haut (n. m.) 3
lentement 4
leur (dét.) 3
long (adj.) 4
moment 3
mousse 4
musique 4
ne... pas 3
parent (n. m.) 3
passer 3
pouvoir (v.) 3
prendre 4
prochaine (adj.) 4
regarder 3
retour 3
soudain 4
tapis 4
très 3
trop 3
violet (adj.) 4
voir 4

## Dictée 24

aider 3

ajouter 4
aussi 3
avantageux 4
bas (n. m.) 3
blague 4
botte 3
canadien (adj.) 4
car 4
casquette 4
chasseur 3
chaud (adj.) 3
chaussée 4
chaussure 4
choisir 4
comment 3
doigt 4
en 3
ensuite 3
être 3
facilement 4
faire 3
février 3
grosse (adj.) 3
hiver 3
hivernale 4
humour 4
jeune (adj.) 3
laine 3
long (adj.) 4
luisante 4
magasin 4
manteau 4
mitaine 4
mouton 4
naturellement 3
ou 3
pantalon 4
porter 3
pouvoir (v.) 3
prendre 4
sagement 3
saison 3
seulement 3
si 3
simple 4

souple 4
tout (pron.) 3
très 3
voici 3
voir 4

## Dictée 25

âgée 4
alors 3
approcher 4
assez 3
belle (adj.) 3
cachée 4
car 4
cette 3
chaleur 3
cour 3
courageuse 4
danger 4
devant (prép.) 3
ensoleillée 3
été (n. m.) 3
étrangère (n. f.) 4
être 3
faire 3
fatigue 3
fatiguée 3
grande (adj.) 3
grenouille 3
grise 3
grosse (adj.) 3
insecte 3
jardin 3
jolie 3
jour 3
journée 3
longue 4
malgré 4
manger 4
mare 4
mois 3
ne... pas 3
notre 3
peu 3

plonger 4
première (adj.) 3
prendre 4
problème 3
rester 3
retourner 3
revenir 4
sage (adj.) 3
savoir 4
sortir 4
souris 3
surveiller 4
toujours 3
très 3
trop 3
trouver 3
vigoureuse 4
visiteuse 3

## Dictée 26

aliment 4
aller 3
apprendre 4
aujourd'hui 4
aussi 3
autrement 3
beau (adj.) 3
besoin 4
ces 3
cette 3
créer 4
cuisiner 3
depuis 3
dire 3
donner 4
empêcher 4
en 3
enfant 3
exister 4
faire 3
fournir 3
grande (adj.) 3
importante 4
impossible (adj.) 4

jamais 3
jour 3
leur (pron.) 3
longtemps 4
machine 3
marché (n. m.) 3
merveilleuse 4
moderne 3
naturelle 3
nombreuse 3
nourriture 4
nouvelle (adj.) 4
ou 3
partager 4
pauvre (adj.) 3
pays 4
penser 4
plusieurs 3
pouvoir (v.) 3
pratique (adj.) 3
repas 3
richesse 3
savant (n. m.) 4
savante (adj.) 4
temps 4
tous (pron.) 3
tout (pron.) 3
voyage 4

## Dictée 27

activité 3
aller 3
ami (n. m.) 3
année 3
apeuré 4
assez 3
aucun 3
botte 3
camarade 4
casque 4
cette 3
chaque 3
chef 3
cher (adj.) 3

côté 4
danger 4
décembre 3
déjà 4
depuis 3
dernier (adj.) 3
détail 4
dix-neuf 4
écouter 4
en 3
enfin 3
énorme 3
ensoleillée 3
entier 3
équipement 4
essence 4
étoile 3
être 3
finir 3
froide 3
fumée 3
heureux 4
il y a 3
jeune (adj.) 3
jour 3
journée 3
jusqu'à 3
mais 3
mission 4
monter 4
ne... pas 3
nuage 3
pendant 3
peu 3
premier (adj.) 3
préparer 4
prochaine (adj.) 4
rêve 4
revoir 4
sans 3
signal 4
son (dét.) 3
tellement 4
trois 3
voyager 4

## Dictée 28

aller 3
après-midi 3
arriver 4
bien (adv.) 3
bientôt 4
cacher 4
car 4
certain (adj.) 4
cette 3
chocolat 3
croire 4
depuis 3
dernier (n. m.) 3
dessin 3
drôle 4
en 3
encore 3
être (v. et n. m.) 3
faire 3
fête 3
flâner 4
hâte 4
hier 3
humain 4
idée 3
jeune (adj.) 3
lendemain 4
maintenant 3
malgré 4
moment 3
présenter 4
revoir 4
sans 3
savoir 4
son (dét.) 3
surprise 4
témoin 4
tôt 4
toujours 3
très 3
vingt 4
visite (n. f.) 3

visiteur 3
vouloir 4

## Dictée 29

ajouter 4
amusante 4
approcher 4
automobile 4
avril 3
besoin 4
blague 4
blanc (adj.) 3
bleu (adj.) 3
bonbon 4
cacher 4
cette 3
chaude 3
commencer 4
dessiner 3
donner 4
être 3
farce 4
fillette 4
gomme 4
grand (adj.) 3
gros (adj.) 3
heureusement 4
imaginer 4
important (n. m.) 4
melon 4
moi 3
mois 3
molle 4
notre 3
oh 4
oreiller 4
originale (adj.) 4
plusieurs 3
poisson 3
pomme 3
rond (adj.) 3
rouge (adj.) 3
sage (adj.) 3
sel 3

sœur 3
sous (prép.) 3
ville 3
yeux 4

## Dictée 30

active 3
alors 3
amie (n. f.) 3
amoureuse (n. f.) 3
arrivée (n. f.) 4
au milieu 4
aujourd'hui 4
aussi 3
automne 3
bien (adv.) 3
bonheur 3
bonne (adj.) 3
brève 4
brigadière 4
cette 3
changer 4
conversation 4
courageuse 4
décider 4
dehors (adv.) 4
devenir 4
devoir (v.) 4
en 3
ensoleillée 3
étage 4
été (n. m.) 3
être 3
factrice 4
faire 3
feuille 4
flâner 4
fleur 3
froide 3
heureusement 4
hivernale 4
joie 4
jolie 3
journée 3

marche (n. f.) 3
métier 3
nature 3
ne... pas 3
neige 3
notre 3
nouvelle (n. f.) 4
petite (adj.) 3
place 4
porteuse 4
pouvoir (v.) 3
pratiquer 3
redevenir 4
retour 3
saison 3
scolaire 4
sept 3
sportive (n. f.) 3
tomber 3
travailler 4
très 3
usine 3
ville 3
vite (adv.) 3

## Dictée 31

admirable 4
alors 3
amusante 4
animatrice 4
annoncer 4
arrêt 4
artiste 4
belle (adj.) 3
chanson 3
chanter 3
charmante 4
danseuse 4
enfin 3
enseignant (n. m.) 4
ensuite 3
être 3
étudiant 4
exposition 4

faire 3
généreux 4
gens 3
intéressante 4
justement 3
lecture 3
leur (pron.) 3
magnifique 3
minute 3
parent (n. m.) 3
partie (n. f.) 4
pièce 4
place 4
poésie 4
première (adj.) 3
prendre 4
présenter 4
remercier 4
représentation 4
retourner 3
rideau 4
salle 4
soirée 3
spectacle 4
spectateur 4
terminer 4
tomber 3
tous (dét. pl.) 3
vingt 4
visiter 3
voir 4

## Dictée 32

ajouter 4
aliment 4
amateur 4
arrêt 4
assez 3
aussi 3
banane 4
beurre 4
bien (adv.)
boisson 4
car 4

cette 3
chaque 3
commencer 4
demander 3
dentelle 4
dessus (n. m.) 4
devoir (v.) 4
drôle 4
en 3
être 3
famille 3
fois 4
fouetter 4
fourchette 4
fruit 3
grosse (adj.) 3
laisser 4
lait 3
longtemps 4
mélange (n. m.) 4
mesurer 4
minute 3
molle 4
morceau 4
mousse 4
œuf 3
parfaite 3
part (n. f.) 4
pauvre (adj.) 3
pendant 3
personne (n. f.) 3
peu 3
pomme 3
prendre 4
prochaine (adj.) 4
qui 3
raison 3
refroidir 3
remplir 4
repas 3
sans 3
satisfaire 4
soir 3
tablier 3
votre 3

## Dictée 33

arriver 4
bagage 4
boue 3
camp 4
campeur 4
Canada 4
chose 3
destination 4
devoir (v.) 4
dix 3
dormir 4
éclaircir 4
élégant 4
en 3
enfant 3
enfin 3
enseignant (n. m.) 4
équipement 4
étrange 4
étranger (n. m.) 4
étudiant (n. m.) 4
faux (adj.) 4
fou (adj.) 3
France 4
grand (adj.) 3
groupe 3
guide (n. m.) 4
jeune (adj.) 3
joie 4
joujou 4
jour 3
loup 3
moment 3
ne... pas 3
passer 3
pendant 3
porter 3
pourtant 4
problème 3
rapidement 4
scolaire 4
semaine 3
situation 4

son (dét.) 3
sous (prép.) 3
temps 4
tente (n. f.) 3
tomber 3
tous (dét. pl.) 3

## Dictée 34

aider 3
air 3
aller 3
aussi 3
avantageux 4
bâtiment 4
bureau 3
certains (dét. pl.) 4
ces 3
cette 3
chaleur 3
cœur 3
commerce 4
commercial 4
en 3
être 3
garder 4
gens 3
hiver 3
il y a 3
jardin 3
journal 3
lieu 3
lire 4
logement 4
merveilleux (adj.) 4
nature 3
nouveau (adj.) 4
original (adj.) 4
ou 3
où 4
parfois 4
pays 4
plusieurs 3
pouvoir (v.) 3
pratiquer 3

ralentir 4
région 4
rencontrer 3
reposer 3
retrouver 3
savoir 4
sentier 4
souvent 4
sport 3
toit 3
travail 4
très 3
trouver 3
vert (adj.) 3
ville 3
votre 3

## Dictée 35

active 3
après-midi 3
assez 3
bataille 3
belle (adj.) 3
bien (adv.) 3
certain (adj.) 4
cette 3
chambre 3
chance 4
chanson 3
chère 3
clavier 4
contre 3
début 4
découverte 4
déjà 4
demander 3
demoiselle 3
depuis 3
dernière (adj.) 3
dessinatrice 3
dessiner 3
devant (prép.) 3
devoir (v.) 4
en 3

enfant 3
être 3
faire 3
fatiguée 3
fête 3
fillette 4
gardienne 4
jeune (adj.) 3
jouer 3
journée 3
laisser 4
lettre 3
longtemps 4
longue 4
mauvaise (adj.) 3
merveilleuse 4
ne... pas 3
nouvelle (adj.) 4
obéissante 4
ordinateur 4
passé 3
passer 3
plusieurs 3
pouvoir (v.) 3
premier (adj.) 3
première (adj.) 3
quand 3
qui 3
rester 3
sembler 3
soirée 3
souris 3
surprise 4
temps 4
toujours 3
très 3
trop 3
utiliser 3
visiter 3

## Dictée 36

aimer 3
amusante 4
année 3

auteur 4
bientôt 4
cacher 4
casque 4
centaine 4
certainement 4
cette 3
comique (adj.) 4
content 4
conteur 4
crayon 4
création 4
déjà 4
depuis 3
devenir 4
écolier 4
enseignant (n. m.) 4
être 3
grand (adj.) 3
grande (adj.) 3
histoire 3
il y a 3
illustre (adj.) 4
imagination 4
intéresser 4
jeune (adj.) 3
jour 3
journal 3
journaliste 3
là 3
local (adj.) 4
long (adj.) 4
longtemps 4
minuscule (adj.) 4
nôtre 4
original (adj.) 4
page 3
pendant 3
personnage 4
petite (adj.) 3
policier (adj.) 4
première (adj.) 3
qui 3
raconter 4
récréation 4

roman 4
secrète 4
son (dét.) 3
toujours 3
travailler 4
très 3
unique 4
voir 4
voisine (adj.) 3

## Dictée 37

année 3
artiste 4
autour 4
camp 4
centaine 4
chance 4
copier 4
déjà 4
dévouement 4
élégant 4
empêcher 4
en 3
encore 3
enfant 3
énormément 3
entière 3
été (n. m.) 3
être 3
étudier 4
fabriquer 4
faire 3
finalement 3
formidable 3
grand-père 3
histoire 3
illustre 4
important (adj.) 4
instrument 3
jeune (adj.) 3
jolie 3
jouer 3
mais 3
musicien (n. m.) 4

parfait 3
parler 3
pendant 3
petite (adj.) 3
prénom 3
preuve 4
quelques (dét. pl.) 3
raconter 4
rêve 4
rien (pron.) 3
sans 3
seulement 3
soir 3
son (dét.) 3
souvent 4
tard 4
temps 4
tenter 3
tous (dét. pl.) 3
unique 4
utiliser 3
valeur 4
vie 3
ville 3
violon 4
vouloir 4

## Dictée 38

actif 3
activité 3
âgé 4
aimer 3
ami (n. m.) 3
amusant 4
amuser 4
aujourd'hui 4
aussi 3
avant-hier 3
camp 4
cet 3
cher 3
comment 3
continuer 4
dangereux 4

découvrir 4
eau 3
encore 3
endroit 4
enfant 3
escalader 4
est-ce que 3
été (n. m.) 3
être 3
faire 3
grand (adj.) 3
heureuse 4
heureusement 4
ici 3
imagination 4
lettre 3
longtemps 4
longue 4
maintenant 4
moi 3
montagne 4
monter 4
nager 4
ne... pas 3
nommer 3
nouveau (adj.) 4
parent (n. m.) 3
petit (adj.) 3
peu 3
peuplier 4
plusieurs 3
poste 3
pouvoir (v.) 3
près de 3
promenade 4
rester 3
revenir 4
sommet 4
sportive 3
très 3
trop 3
votre 3

## Dictée 39

aller 3
amusant 4
au-dessus 4
auto 4
bien (adv.) 3
blanc (adj.) 3
bonheur 3
cet 3
chalet 4
comme 3
contre 3
devant (prép.) 3
dont 4
eau 3
en 3
en haut 3
été (n. m.) 3
être 3
étroit 4
falloir 4
famille 3
grand-mère 3
gros (adv.) 3
il y a 3
image 3
là-bas 3
loin 3
lorsque 4
magnifique 3
moi 3
moyen (n. m.) 4
ne... pas 3
nuage 3
parfois 4
paysage 4
pêche 4
petit (adj.) 3
présenter 4
respiration 4

retenir 4
rêve 4
tel 4
toujours 3
train 3
utiliser 3
vent 3
vieux (adj.) 4
ville 3
voir 4
voler 4
voyage 4
voyager 4

## Dictée 40

ami (n. m.) 3
amusant 4
aujourd'hui 4
aussitôt 4
avant (prép.) 3
belle (adj.) 3
bras 3
camarade 4
car 4
chaque 3
chaud (adj.) 3
chocolat 3
cigale 4
comme 3
comprendre 4
degré 4
devoir (v.) 4
durant 3
en 3
enfin 3
ensoleillée 3
été (n. m.) 3
étoile 3
étrange 4
être 3

faire 3
fillette 4
glace 4
heureusement 4
intérieur (n. m.) 4
journée 3
là 3
là-bas 3
lentement 4
leur (dét.) 3
magique 3
ne... pas 3
noire (adj.) 3
nuit 3
où 4
pauvre (adj.) 3
personne (pron.) 3
peu 3
pied 3
pourquoi 3
pouvoir (v.) 3
quand 3
rayon 4
rester 3
secret (n. m.) 4
seule (adj.) 3
soir 3
sortir 4
surveiller 4
température 4
temps 4
terrible 4
toujours 3
très 3
village 3
vingt 4
voir 4

# Liste orthographique B

## A

à côté 4
à l'aise 4
accepter 4
actif 3
active 3
activité 3
additionner 3
admirable 4
admiration 4
admirer 4
adorable 4
âgé 4
âgée 4
aider 3
aimable 3
aimer 3
air 3
ajouter 4
aliment 4
aller 3
allonger 4
alors 3
amateur 4
ami 3
amie 3
amitié 3
amoureuse 3
amusant 4
amusante 4
amuser 4
ancêtre 4
ange 3
animatrice 4
année 3
annoncer 4
apeuré 4
apprendre 4
approcher 4
après 3
après-demain 3
après-midi 3
arbitre 4
argent 4

arrêt 4
arrêter 4
arrivée 4
arriver 4
artiste 4
assez 3
attirer 4
au milieu 4
aube 4
aucun 3
aucune 3
au-dessus 4
aujourd'hui 4
auprès de 4
aussi 3
aussitôt 4
auteur 4
auteure 4
auto 4
automne 3
automobile 4
autour 4
autrefois 3
autrement 3
avant 3
avantageux 4
avant-hier 3
aventure 4
avis 4
avouer 4
avril 3

## B

bagage 4
baignoire 3
bain 3
banane 4
bande dessinée 4
bas 3
bataille 3
bâtiment 4
bâtir 3
beau 3
beaucoup 3

beauté 3
belle 3
besoin 4
bête 4
beurre 4
bien 3
bientôt 4
biscuit 4
blague 4
blanc 3
blanche 3
bleu 3
bleue 3
boisson 4
bon 3
bonbon 4
bonne 3
botte 3
boue 3
boulangère 3
bouleau 4
bras 3
brève 4
bricoleur 4
brigadière 4
brisé 4
bruit 4
bureau 3

## C

ça 3
cabane 4
cachée 4
cacher 4
cadeau 3
cahier 3
caissière 4
camarade 4
camionneuse 3
camp 4
campagne 4
campeur 4
Canada 4
canadien 4

canadienne 4
canard 3
capitale 4
car 4
carte 3
casque 4
casquette 4
centaine 4
certain 4
certainement 4
ces 3
cet 3
cette 3
chagrin 4
chalet 4
chaleur 3
chambre 3
chance 4
changer 4
chanson 3
chanter 3
chantier 4
chapeau 3
chaque 3
charmant 4
charmante 4
chasse 3
chasseur 3
chaud 3
chaude 3
chaussée 4
chausser 4
chaussure 4
chef 3
cher 3
chercher 3
chère 3
cheval 3
cheveu 3
chez 3
chocolat 3
choisir 4
choix 4
chose 3
ciel 3

40 DICTÉES POUR RÉUSSIR EN FRANÇAIS

cigale 4
cinq 3
cinquante 4
cirque 3
clavier 4
cliente 4
clou 3
cochon 4
cœur 3
coiffeur 4
coiffeuse 4
comédien 4
comique 4
comme 3
commencer 4
comment 3
commerce 4
commercial 4
comprendre 4
compte 4
compter 4
conclusion 4
consoler 4
content 4
conteur 4
continuer 4
contre 3
conversation 4
copier 4
côté 4
couler 4
couleuvre 4
cour 3
courageuse 4
courageux 4
courir 4
cousin 3
crayon 4
création 4
créer 4
croire 4
cuisiner 3
cuisinière 3
curieux 4

## D

danger 4
dangereux 4
danser 4
danseuse 4
déborder 4
debout 4
début 4
décembre 3
décider 4
décoration 4
découverte 4
découvrir 4
degré 4
dehors 4
déjà 4
délicate 4
demander 3
demoiselle 3
dentelle 4
depuis 3
dernier 3
dernière 3
désagréable 3
dessin 3
dessinatrice 3
dessiner 3
dessus 4
destination 4
détail 4
détester 4
devant 3
devenir 4
devoir 4
dévouement 4
dinde 4
dire 3
distraction 4
distrait 4
distraite 4
diviser 4
dix 3
dix-neuf 4
doigt 4

donner 4
dont 4
dormir 4
doucement 4
douche 4
douloureux 3
doux 4
douzaine 4
drôle 4
durant 3

## E

eau 3
éclaircir 4
éclater 4
écolier 4
écouter 4
élégant 4
empêcher 4
en 3
en haut 3
encore 3
encourager 4
endroit 4
enfant 3
enfin 3
enneigée 4
énorme 3
énormément 3
enseignant 4
enseigner 4
ensoleillée 3
ensuite 3
entier 3
entière 3
entrer 3
envie 4
époque 4
équipe 3
équipement 4
escalader 4
essence 4
est-ce que 3
étage 4

été 3
éternelle 4
étoile 3
étrange 4
étranger 4
étrangère 4
être 3
étroit 4
étudiant 4
étudier 4
exister 4
exposition 4

## F

fabriquer 4
facilement 4
façon 4
factrice 4
faire 3
falloir 4
famille 3
fantôme 4
farce 4
fatigue 3
fatiguée 3
faux 4
fée 3
fenêtre 3
ferme 3
fermée 4
fête 3
fêter 3
feuille 4
février 3
fier 4
fière 4
fillette 4
fin 3
fin de semaine 3
finalement 3
finir 3
flâner 4
fleur 3
fois 4

folle 3
forme 3
formidable 3
fort 3
fouetter 4
fourchette 4
fournir 3
fou 3
Français 4
française 4
France 4
frapper 4
frère 3
froid 3
froide 3
fruit 3
fumée 3
fusil 4

### G

garder 4
gardienne 4
gauche 3
généreux 4
gens 3
glace 4
gomme 4
grand 3
grande 3
grandeur 3
grand-mère 3
grand-père 3
grange 4
grenouille 3
gris 3
grise 3
gros 3
grosse 3
groupe 3
guide 4

### H

hâte 4

haut 3
heure 3
heureuse 4
heureusement 4
heureux 4
hier 3
histoire 3
hiver 3
hivernale 4
humain 4
humour 4

### I

ici 3
idée 3
il y a 3
illustre 4
image 3
imaginaire 4
imagination 4
imaginer 4
important 4
importante 4
impossible 4
infirmière 4
insecte 3
instrument 3
intéressante 4
intéresser 4
intérieur 4

### J

jamais 3
jardin 3
jeu 4
jeune 3
jeunesse 4
joie 4
joli 3
jolie 3
jongleuse 4
jouer 3
joueur 3

joujou 4
jour 3
journal 3
journaliste 3
journée 3
jusqu'à 3
justement 3

### L

là 3
là-bas 3
laine 3
laisser 4
lait 3
laitière 3
lecture 3
lendemain 4
lentement 4
lettre 3
leur 3
lieu 3
lire 4
local 4
logement 4
loin 3
long 4
longtemps 4
longue 4
loup 3
luisante 4
lumière 3
lutin 4

### M

machine 3
madame 3
mademoiselle 3
magasin 4
magasiner 4
magicien 3
magie 3
magique 3
magnifique 3

maintenant 4
mais 3
maisonnette 4
maladroit 4
malgré 4
manger 4
manquer 4
manteau 4
marche 3
marché 3
marcher 3
mare 4
marteau 4
mauvais 3
mauvaise 3
mauve 3
mécanicienne 4
méchante 3
mélange 4
melon 4
merveilleuse 4
merveilleux 4
mesurer 4
métal 4
métier 3
mieux 4
minuit 3
minuscule 4
minute 3
mission 4
mitaine 4
moderne 3
mois 3
molle 4
moment 3
montagne 4
monter 4
montre 3
morceau 4
mot 3
mousse 4
mouton 4
moyen 4
muette 4
murmure 3

muscle 4
musicien 4
musicienne 4
musique 4

## N

nager 4
nature 3
naturelle 3
naturellement 3
navire 4
ne... pas 3
neige 3
nez 3
Noël 4
noire 3
nombreuse 3
nommer 3
normal 4
notre 3
nôtre 4
nourrir 4
nourriture 4
nouveau 4
nouvelle 4
nuage 3
nuit 3

## O

obéissante 4
œuf 3
oh 4
oie 4
oncle 3
orage 3
ordinateur 4
oreiller 4
original 4
originale 4
ou 3
où 4

## P

page 3
panier 3
pantalon 4
parent 3
parfait 3
parfaite 3
parfois 3
parler 3
part 4
partager 4
partie 4
pas 3
passé 3
passer 3
patte 3
pauvre 3
pays 4
paysage 4
paysanne 4
pêche 4
pendant 3
penser 4
perdant 4
perdre 4
personnage 4
personne 3
petit 3
petite 3
peu 3
peuple 3
peuplier 4
peur 3
pièce 4
pied 3
pire 4
place 4
placer 4
planche 4
plonger 4
plusieurs 3
poésie 4

poisson 3
policier 4
policière 4
politesse 4
pomme 3
pont 4
porter 3
porteuse 4
poser 4
poste 3
pot 3
pouce 4
pourquoi 3
pourtant 4
pousser 4
pouvoir 3
pratique 3
pratiquer 3
premier 3
première 3
premièrement 3
prendre 4
prénom 3
préparer 4
près de 3
présent 4
présenter 4
preuve 4
prix 4
problème 3
prochaine 4
promenade 4
puis 3
puissant 4

## Q

quand 3
quatre 3
Québec 4
quelques 3
question 4
qui 3
quitter 4

## R

raconter 4
raison 3
ralentir 4
rapidement 4
rayon 4
rechercher 4
récréation 4
reculer 4
redevenir 4
réfléchir 4
refroidir 3
regarder 3
région 4
règlement 4
réjouir 4
relire 4
remarquer 3
remercier 4
remplir 4
renard 3
rencontrer 3
renouveau 4
rentrer 3
réparer 4
repas 3
replacer 4
reposer 3
représentation 4
respiration 4
rester 3
retenir 4
retour 3
retourner 3
retrouver 3
rêve 4
revenir 4
rêver 4
rêveuse 4
revoir 4
richesse 3
rideau 4
rien 3
rire 4

roi 3
roman 4
rond 3
rouge 3
royaume 4
ruban 4
ruisseau 4

## S

sage 3
sagement 3
saison 3
salle 4
salon 4
sans 3
sapin 3
satisfaire 4
sauvage 3
savant 4
savante 4
savoir 4
scolaire 4
se souvenir 3
secret 4
secrète 4
seize 4
sel 3
semaine 3
sembler 3
sentier 4
sept 3
septembre 3
seul 3
seule 3
seulement 3
si 3

signal 4
simple 4
simplement 4
situation 4
sœur 3
soin 4
soir 3
soirée 3
sombre 3
sommet 4
son 3
sortir 4
sotte 4
soudain 4
souple 4
souris 3
sous 3
souvenir 3
souvent 4
spectacle 4
spectateur 4
sport 3
sportif 3
sportive 3
superbe 3
surface 4
surprise 4
surveiller 4

## T

tableau 3
tablier 3
tante 3
tapis 4
tard 4
tel 4

tellement 4
témoin 4
température 4
temps 4
tente 3
terminer 4
terrible 4
toi 3
toit 3
tomber 3
tôt 4
toujours 3
tour 3
tous 3
tout 3
train 3
travail 4
travailler 4
très 3
trois 3
trop 3
trou 3
troupe 4
trouver 3

## U

unique 4
usagée 3
usine 3
utiliser 3

## V

valeur 4
veau 4
venir 4

vent 3
vert 3
verte 3
vide 3
vie 3
vieille 4
vieux 4
vigoureuse 4
vigoureux 4
village 3
ville 3
vingt 4
violet 4
violette 4
violon 4
visite 3
visiter 3
visiteur 3
visiteuse 3
vite 3
vitesse 3
voici 3
voir 4
voisine 3
voler 4
votre 3
vouloir 4
voyage 4
voyager 4

## Y

yeux 4